LES ENTREPRISES FRANÇAISES

DANS

L'AFRIQUE OCCIDENTALE.

CHAPITRE PREMIER.

Il y a quelques années un habile écrivain, M. Prévost-Paradol, publiait un livre : la *France nouvelle*, qui eût son heure de succès. Dans le dernier chapitre, l'historien étudie les conditions au milieu desquelles la France se trouve placée en Europe. Ces conditions, il faut l'avouer, ne lui paraissent pas favorables. C'est sur un autre continent qu'il va chercher le levier sur lequel la France doit s'appuyer pour soulever le monde, et, de même que les Indes donnent à l'Angleterre la richesse et la prépondérance maritime, ainsi l'Algérie, à ses yeux, doit devenir l'instrument de notre grandeur. A notre époque surtout, la vitalité d'une nation se mesure à son commerce, à son extension pacifique en dehors des limites naturelles. Ces principes ont fait la gloire de l'Angleterre : ils ont créé les Etats-Unis, fondé l'empire des Indes et de l'Australie ; c'est par eux que la race anglo-saxonne est devenue la plus répandue, la plus assurée de l'avenir. Pour la France, M. Paradol veut qu'elle ne s'occupe pas seulement d'atteindre chez elle à l'apogée de la civilisation, mais encore qu'elle la répande sur le monde. L'Afrique s'ouvre à nos efforts : quelle gloire si nous changeons ces déserts en un sol français, prospère, uni à la mère-patrie par une civilisation commune et par la reconnaissance filiale !

N'y a-t-il dans ces conclusions que des utopies généreuses, mais irréalisables ? Ou bien, l'avenir de la France est-il intimement lié à la prospérité de l'Algérie ? Telles sont les différentes questions que nous allons d'abord examiner.

« La prospérité des peuples de race latine (1) a toujours été étroi-
« tement liée à l'importance commerciale de la Méditerranée. Du

___

(1) Journal l'*Explorateur*, M. Soleillet.

« jour où par les découvertes de Colomb et de Gama, le com-
« merce général, de méditerranéen qu'il était, devint transatlan-
« tique et transaustral, de ce jour commence au détriment du
« commerce latin l'accroissement commercial de l'Angleterre et
« de la Hollande. » — Ainsi, d'après les enseignements de l'his-
toire, ramener à la Méditerranée le commerce général du monde
ce serait créer à la France une situation commerciale des plus
favorables. Or, la partie la plus importante du bassin de la Méditerranée se trouve dominée par les côtes de France et par celles
de l'Algérie. Marseille et Alger deviendraient, dans de telles
conditions, et par le fait même de leur position, les entrepôts du
commerce universel. Il reste à déterminer par quels moyens on
peut réaliser cet avenir.

Le percement de l'isthme de Suez a déjà rempli une partie de
ce programme Grâce aux résultats obtenus par cette œuvre, la
voie du transit avec l'extrême Orient est revenue à la Méditerranée. Ce que l'on a fait pour l'Orient, serait-il impossible de le
réaliser pour l'Afrique et pour l'Amérique?

Pour atteindre ce résultat en Afrique, nous n'avons qu'a pro-
fiter de la position exceptionnelle de nos deux colonies du Sénégal
et de l'Algérie. « Fortement (1) installés, comme nous le sommes,
« sur les deux mers qui baignent l'Afrique occidentale ; ayant
« nos deux colonies reliées par le Sahara qui nous appartient ;
« au nord, par l'Algérie, et où nous pénétrons au sud-ouest par
« le Sénégal, » nous aurions peu d'efforts à déployer pour
attirer à Alger toutes les caravanes qui conduisent vers les côtes
les richesses du Soudan, immense contrée agricole peuplée de
plus de quatre-vingts millions d'habitants. Qu'une ligne de communication unisse Alger à Saint-Louis du Sénégal, en passant
par Tombouctou et, dès lors, nous verrons toute l'Afrique occidentale ouverte à notre commerce, soumise à notre influence.

Quant à l'Amérique, elle n'est séparée de l'Afrique à la hauteur
du Sénégal, que par une sorte de détroit dont la largeur atteint à
peine le tiers de la distance qui sépare, en tout autre point,

---

(1) Journal l'*Explorateur*, M. Soleillet.

l'ancien continent du Nouveau-Monde. « Saint-Louis (1) est déjà
« une station commerciale importante à laquelle touchent les
« navires venant du Brésil et de la Plata et qui se rendent en
« Europe. Le jour où un chemin de fer unira Saint-Louis à Alger,
« les voyageurs, et certaines marchandises qui demandent, non
« des moyens de transport à bas prix, mais surtout des moyens
« de transport rapides et réguliers, emprunteraient cette voie
« pour se rendre en Europe. »

D'après des calculs sur lesquels nous reviendrons, la durée du
trajet de Marseille en Amérique par Alger et Saint-Louis ne
dépasserait pas sept jours. Dans cette hypothèse, si l'on jette les
yeux sur la carte, on verra que Saint-Louis deviendrait le centre
du commerce, avec la Plata et le Brésil. (Ce commerce a donné
lieu, pour l'année 1874, à un chiffre d'affaires s'élevant à plus de
deux cents millions de francs, statistiques officielles. Ces contrées
sont le seul point du globe où la France soit en possession de la
supériorité commerciale.) « Un chemin de fer dans l'Afrique
centrale (2) serait donc le lien qui, *à travers le Sahara,* relierait
le Nouveau-Monde à la Méditerranée. »

Tels sont, dans leur ensemble, les moyens propres à ramener
à la Méditerranée le commerce général du monde, et, dans cette
vue, l'Algérie nous apparaît comme le centre naturel de toutes
les voies de communication. En relation directe avec l'Europe
par sa proximité, avec l'Orient par Suez, avec l'Afrique par les
routes de Shadamès, Rhàt et Tombouctou, avec l'Amérique par
Saint-Louis, elle est en quelque sorte la clef de voûte de l'édifice.
C'est sur elle que la France doit s'appuyer pour fonder un
immense empire commercial et agricole, et M. Prévost-Paradol
aurait donc prévu juste lorsqu'il indiquait l'*Afrique française
comme l'instrument de notre grandeur future.*

CHAPITRE II

Dans le chapitre précédent nous avons indiqué la tendance
générale de toutes les entreprises qui, en ce moment, occupent

---

(1) Journal l'*Explorateur,* M. Paul Soleillet.
(2)   Id.   Id.

les esprits de l'Afrique occidentale. En même temps, que leur but, nous avons formulé leur principe et désigné les bases sur lesquelles elles s'appuient.

Nous allons, maintenant, les examinant avec plus de détails, déterminer les conditions dans lesquelles elles peuvent s'effectuer et les résultats immédiats que nous avons le droit d'en attendre. Nous commencerons par étudier rapidement les régions sur lesquelles nous voulons porter nos efforts, et, de la dissemblance de leur nature, nous déduirons la différence du rôle qu'elles doivent jouer. D'après ce qui précède, nous avons vu que « toute l'Afrique occidentale (1), de Tripoli au lac Tchad, au Niger et au Maroc, est ouverte à l'influence française. » Chacune de ces contrées offre des ressources, un climat, un aspect différents. Dans l'avenir, parties constitutives d'un même empire colonial, chacune d'elles doit, cependant, être étudiée à un point de vue particulier.

Avant tout nous tenons à dire « qu'il ne s'agit (2) pas, ici, de « nouvelles conquêtes qui, nous donnant à garder des territoires « tels que nous en avons tant, ne serviraient qu'à augmenter les « frais d'occupation... Nous avons d'autres moyens que les armes « à employer pour faire pénétrer en Afrique, avec notre com- « merce et notre industrie, la civilisation moderne. »

La fécondité du sol algérien, l'étendue des plaines et des coteaux, présentent les conditions les plus favorables à la production des céréales, du tabac, du coton et à la culture de la vigne. Jusqu'à ce jour, ce n'est pas l'excellence des résultats qui doit être mise en doute, c'est leur *généralisation* qui fait défaut. Le stationnement de la colonisation ne doit être imputé qu'au nombre restreint des Européens et à l'absence de voies rapides de communication. Ces deux obstacles diminuent chaque jour, et nous pouvons espérer que les plaines de l'Algérie seront, dans un avenir prochain, entièrement cultivées. Enfin, dans l'esquisse que nous avons faite plus haut, nous avons vu que l'Algérie devait être, tout à la fois, le centre de notre puissance et le marché

---

(1) Journal l'*Explorateur*, M. P. Soleillet.
(2)   Id.   Id.

naturel où se porterait le commerce de l'Europe avec l'Afrique et l'Amérique du sud. Ce rôle, imposé par sa position géographique, tendrait à faire de l'Algérie une province essentiellement commerçante et industrielle. La fondation de grandes villes, le développement de la marine seraient évidemment les premières conséquences d'une telle situation. L'Algérie possède donc les éléments de toute grandeur politique : Agriculture, industrie, commerce. Elle peut devenir un état réellement fort, car, au besoin, il se suffirait à lui-même. C'est une *France établie sur la terre d'Afrique* et qui, par l'attraction de la civilisation, est appelée à grouper autour d'elle les pays voisins.

Le *Sahara*, cet océan de sables improductifs, comme on l'a nommé jusqu'ici, n'est pas aussi déshérité de la nature que le prétendent les premières croyances géographiques. Voici, en effet, ce que nous lisons dans le journal de route de M. Largeau, à la date du 14 décembre 1875 : « Règle générale (1), les dunes, « dans le Grand-Désert, sont à peu près dénuées de toute végéta-« tion, autour des centres habités, jusqu'à une ou deux journées « de marche. Il faut bien se garder d'en déduire que les sables « sont improductifs et qu'aucune végétation n'y peut venir. « *C'est plutôt le contraire qui est la vérité.....* L'absence de toute « flore, aux alentours des lieux habités, a pour cause la consom-« mation sans la reproduction, qui a déjà été cause elle-même « de la transformation d'une grande partie du Sahara en une « immense mer de sable. Dès que quelques brins d'herbe pous-« sent à côté de sa tente, l'Arabe y conduit son troupeau..... « Plus l'on avance dans le Grand-Désert, plus la végétation « devient luxuriante..... Toutes ces observations, faites à plu-« sieurs reprises en plein pays des dunes, suffiraient seules à « prouver la fécondité des sables sahariens et la réussite certaine « d'un essai de reboisement des dunes par des essences telles « que le pin d'Alep et l'acacia arabica. »

Mais ce n'est pas tout. Depuis plusieurs années, des officiers de l'armée française et des ingénieurs s'occupent de la création

---

(1) Journal l'*Explorateur*, M. Largeau.

d'une mer intérieure au sud de l'Algérie. En effet, les plaines du Sahara algérien nommées par les Arabes l'Oued-Mia (vallée aux cent rivières) sont sillonnées de cours d'eau qui, ne pouvant se frayer un chemin jusqu'à la mer, se perdent dans des bas-fonds transformés ainsi en lacs immenses. Le niveau de ce bassin ayant paru jusqu'ici, et d'après des nivellements opérés avec le plus grand soin dans la région des chotts algériens, inférieur à celui de la Méditerranée, il suffirait d'ouvrir un canal d'environ vingt kilomètres, entre la mer et le lac le plus voisin, pour créer un véritable océan intérieur. Le point désigné par M. le capitaine Roudaire est l'isthme de Gabès, dans le sud du Beylik de Tunis, entre le golfe de Gabès et le Chott-el-Kebir (grand lac). Les conséquences de cette œuvre seraient considérables. L'Algérie transformée en presqu'île, verrait l'étendue de ses côtes presque doublée. La nouvelle mer atteindrait, d'après les calculs faits, une longueur de 180 kil. sur 70 de largeur. Son climat adouci, ses eaux et ses pluies deviendraient abondantes et par suite ses montagnes seraient couvertes de forêts. Plus au sud, les longues plaines sablonneuses qui ne nourrissent que les touffes clair-semées de l'Alfa se changeraient en féconds pâturages. L'établissement d'une mer intérieure, entre l'Algérie et le Grand-Sahara, marquerait une limite infranchissable au *Simoun*, et d'un autre côté, la présence de nouveaux courants aériens, conséquence nécessaire de la distribution nouvelle d'une telle masse d'eau, changerait les conditions météorologiques de l'atmosphère. Ainsi paraît résolu le problème des eaux. Cette solution rendrait pratiques et féconds les efforts des colons pour arracher à l'aridité de vastes espaces. Mettant le sol en prairies, ils pourraient y élever d'innombrables troupeaux, comme cela se fait en Australie et dans la République argentine, au milieu de conditions analogues. Cette élève du bétail, sans limites comme la superficie qu'elle nécessiterait, serait une des principales richesses de l'Algérie. Quel que soit le mode employé pour rendre à la culture les plaines du Sahara algérien en y conduisant les eaux : création d'une mer intérieure, forage de puits artésiens, ou reboisement par certaines essences propres à la nature des lieux, il est évident que ce pays fécondé par les efforts de l'intelligence et du travail suffirait seul à fournir à l'Europe ce qu'elle va rassembler à grands frais dans des régions bien plus lointaines : le coton, la soie, le tabac, les céréales, les cuirs, les laines, etc.....

Le *Soudan* est la troisième région que nous trouvons d'après la division établie au commencement de ce chapitre. Pour montrer son importance et le rôle qu'il peut être appelé à jouer, nous nous contenterons d'emprunter à l'*Explorateur*, les nouvelles suivantes : « Les relations du lieutenant Cameron qui témoignent « des ressources du Soudan démontrent que le projet d'un chemin « de fer de l'Algérie au Soudan n'est point une œuvre stérile « comme plusieurs personnes le prétendent. Si la France ne « construit pas la première ligne ferrée qui reliera le Soudan au « littoral de la Méditerranée, l'*Egypte la construira sous les* « *auspices de l'Angleterre*. Le correspondant du *Times* au Caire « annonçait, dans les derniers jours du mois de décembre 1875, « que l'on s'occupait très-sérieusement en Egypte du projet de « construction d'un chemin de fer dans le Soudan. Les études « sont terminées depuis longtemps, et tout un matériel roulant, « des outils, des machines de tout genre sont déjà partis pour « l'intérieur..... L'Angleterre spéculant sur notre indifférence « cherche à réaliser à son profit le commerce septentrional du « Soudan. Il est question de l'établissement d'une colonie au cap « Bojador et de l'ouverture d'une route commerciale vers « Tombouctou. Le consul anglais de Mogador a fait un rapport « des plus circonstanciés sur le commerce entre le Maroc et le « Soudan, et sur l'aspect physique des contrées situées au sud « de l'oued Noun sur la route de Tombouctou. Ce rapport confirme « pleinement la possibilité d'ouvrir l'Afrique centrale dans les « environs de Bojador. Le climat est l'un des plus sains du « monde, l'eau est abondante sur toute la route et les habitants « sont pacifiques et intelligents. La contrée où il est question « d'établir une station est très-fertile. » — Le Soudan mis en relation avec l'Algérie par un chemin de fer donnerait lieu à un échange commercial considérable. Il nous enverrait des bois, des minerais, des laines. la poudre d'or, l'ivoire, les tapis, les fourrures, les cuirs, le coton. En échange il recevrait les produits de l'industrie européenne, des armes, des objets manufacturés, le sel du Sahara importé actuellement par les caravanes et dont l'exploitation monterait annuellement à plus de 80 millions de francs.

Quant au Sénégal, sa situation sur les frontières du Soudan et sur le point du littoral africain le plus rapproché de l'Amérique indique clairement quel devrait être son rôle. C'est une station commerciale sur la route la plus courte d'Europe en Amérique. Dans les relations avec l'Afrique c'est un poste avancé dont la position est d'autant plus précieuse qu'elle nous permet, concurremment avec l'Algérie, d'attaquer l'Afrique occidentale par ses deux extrémités. C'est de ces deux points des rivages africains que doit partir l'œuvre de la civilisation ; elle doit marcher du littoral vers l'intérieur et s'achever au cœur de l'Afrique, à Tombouctou.

CHAPITRE III

Nous avons essayé de montrer le but que la France doit poursuivre en Afrique ; nous avons dit que ce but entièrement civilisateur ne devait employer que des armes pacifiques et nous avons indiqué la nature de ses moyens de conquête. Il nous reste à préciser dans quelle mesure ils sont réalisables dès aujourd'hui.

Dans l'état actuel du commerce en Afrique, les relations s'effectuent par deux moyens principaux : les caravanes et les fleuves. Les caravanes sont surtout employées dans le nord-ouest, et cela pour un motif facile à saisir : l'absence d'une grande voie fluviale. Dans toutes les autres parties de l'Afrique ce sont les fleuves, ces chemins primitifs, *ces chemins qui marchent* qui sont les grandes artères du courant commercial. A leur embouchure se groupent les principales colonies et ils donnent aujourd'hui à leurs possesseurs les clefs du continent africain. Ainsi, au nord, nous trouvons le Nil et l'Egypte ; au sud-ouest, le Niger et les colonies de la Côte-d'Or. Dans l'Afrique occidentale où se portent les efforts de la France, le seul mode de transport est actuellement constitué par les *caravanes*. La création d'un chemin de fer, dans de telles circonstances, changerait l'économie de toute cette partie de l'Afrique. Ce serait une erreur de croire qu'avant d'ouvrir une voie ferrée dans un pays il est nécessaire d'y appeler une population nombreuse et commerçante. Tout au contraire, par la création d'une voie de communication dans une contrée déserte, cette région se peuple et s'enrichit. L'opinion que nous émettons ici est contrôlée par les résultats de l'expérience. En Australie, les Anglais ont créé des chemins de fer dans des régions peuplées uniquement de sauvages, et, après quelques années, ces régions se sont tranformées en colonies prospères. En Algérie, nous avons eu un exemple analogue. Pour faciliter l'occupation et la défense du sol notre armée a tracé des routes stratégiques nombreuses, le plus souvent à travers des contrées complètement inhabitées par les colons européens. Or, en Algérie, il n'est personne qui ne reconnaisse le rôle important joué par ces routes dans l'extension de la colonisation. Etablir un chemin de fer dans le Sahara et le Soudan ne serait pas agir en dehors des conditions habituelles. Sur cette question nous nous rapporterons à l'autorité de deux hommes remarquables, qui ont émis presque concurremment cette grande idée et qui cherchent à la réaliser : M. Paul Soleillet et M. Duponchel, ingénieur des ponts-et-chaussées, chef du service hydraulique.

D'après M. Soleillet, si nous cherchons à savoir quels seront
« les bénéfices et les garanties que nous aurions à donner aux
« bailleurs de fonds qui confieraient à une telle entreprise douze
« ou quinze cents millions de francs ; nous avons ces garanties
« dans le seul transport du sel, denrée de première nécessité,
« qui manque complètement dans l'Afrique centrale, dont la
« fourniture actuelle met déjà en mouvement des caravanes de
« 10,000 chameaux, dont la consommation régulière, calculée sur
« les besoins réels d'une population de plus de 80 millions
« d'hommes, devrait à elle seule, dans un temps donné, assurer
« un chiffre d'importation annuelle de près d'un million de
« tonnes, suffisantes pour alimenter un chemin de fer qui en
« aurait le monopole...

« Un chemin de fer qui mettrait ainsi en communication
« l'Océan avec la Méditerranée ne serait pas borné au seul transit

« du Sahara central et du Soudan occidental. Saint-Louis est
« déjà une station commerciale importante à laquelle touchent
« les navires venant du Brésil et de la Plata, et qui se rendent en
« Europe. Le jour où un chemin de fer unira Paris à Alger les
« voyageurs et certaines marchandises emprunteraient cette
« voie.

« Prenons Paris comme centre vers lequel tendent les voya-
« geurs qui, partis de Saint-Louis, se dirigent vers l'Europe :
« il faut d'abord, avec un beau temps, neuf jours pour arriver à
« Bordeaux, plus un jour de Bordeaux à Paris, soit 240 heures.
« Un train express de Saint-Louis à Alger, en calculant sur une
« vitesse de 60 kilomètres à l'heure, et en supposant, ce qui est
« bien au-dessus de la réalité, que la distance qui sépare ces
« deux villes françaises en passant par Tombouctou soit de 4,000
« kilomètres, ne prendrait que 66 heures ; mettons 4 heures
« pour les arrêts, l'eau, etc., etc., nous avons 70 heures ; d'Alger
« à Marseille il faut 30 heures; de Marseille à Paris 16 heures,
« soit un total, de Saint-Louis à Paris par Tombouctou, Alger et
« Marseille, de 116 heures ; le même trajet demande par Bordeaux
« 240 heures et encore la voie de mer ne représente jamais les
« garanties de sécurité, pour la régularité de la marche, qu'offre
« la voie de terre. »

Voici maintenant en quels termes M. Duponchel parle de son
projet de chemin de fer :

« Les 200,000 ou 300,000 tonnes nécessaires à une exploitation
« première seraient obtenues, dès l'ouverture, par le transport
« d'une seule denrée, le sel nécessaire à l'alimentation des 12 à
« 15 millions d'hommes qui vivent dans le bassin du haut Niger.

« Dans 20 ans nous pourrons en juger ; car, d'ici là, et bien
« plutôt, je l'espère, la voie du Soudan sera certainement ouverte.
« Dieu veuille que ce soit par nous et non par les Anglais ! Nous
« aurons à compter avec quatre ennemis : 1° les chaleurs,
« 2° l'eau, 3° les sables, 4° les populations

« Les chaleurs sont excessives, sans doute, à certaines heures
« du jour, dans le Sahara ; pas beaucoup plus, peut-être, que
« dans la vallée du Chélif en Algérie ; mais, en revanche, les

« nuits y sont fraîches, et fallut-il pendant la saison d'été, arrêter
« pendant 5 ou 6 heures par jour la marche des trains, en laissant
« les voyageurs stationnés dans quelques oasis, je ne verrais pas
« grand inconvénient pour eux à ce régime d'une sieste forcée.
« Vient, en second lieu, la question de l'eau. Si l'eau est rare à la
« surface du Sahara, elle est en général relativement abondante
« dans le sous-sol ; et là où des Arabes nomades, avec les
« ressources bornées dont ils disposent, ont su creuser et entre-
« tenir des puits permanents, il n'y a plus de présomption à
« penser que nous saurions mieux qu'eux nous assurer sur place
« les ressources nécessaires. J'aborde la question des sables.
« C'est la plus émouvante ; c'est celle que l'on avait objectée, non
« sans raisons apparentes, au projet du canal de Suez. Si, à la
« rigueur, on peut comprendre que les tourbillons de sable sou-
« levés par le vent puissent franchir, sans grands dommages,
« une voie de fer en léger relief sur le sol, on ne pouvait nier
« que ces sables ne dussent s'engloutir en entier dans la cuvette
« du canal. Le canal a-t-il été comblé depuis qu'il est ouvert à la
« navigation ?

« Je ne me dissimule pas, malgré cet exemple, l'importance
« de la question des sables mouvants dans le Sahara, et je n'au-
« rais jamais proposé d'établir dans des régions de dunes un
« chemin de fer qui devrait être en voûte, plus ou moins
« continue, sur des longueurs de 200 à 300 kilomètres. Mais si un
« quart, un tiers peut-être du Sahara sont couverts de dunes, les
« deux tiers sont dénudés par le vent, et n'offrent plus qu'une
« surface solide et résistante de roches dures et de galets sur
« lesquels on n'aura qu'à régulariser la pose d'un solide ballast
« dont les matériaux seront sur place. Tout revient à savoir si
« dans la direction à suivre dans le sens du méridien, du nord
« au sud, on pourra trouver une voie, un couloir continu, à peu
« près libre de sables en dehors des régions de dunes ; or. les
« consciencieuses recherches auxquelles je me suis livré m'ont
« démontré qu'il existait non pas une, mais trois ou quatre voies
« de ce genre par les vallées naturelles de l'oued-Igharghar et de
« l'oued-Mia en remontant, à partir du bas-fond de Touggourt,

« par les vallées de l'oued-Lua et de l'oued-Saura en descendant
« directement des versants du grand Atlas.

« Reste enfin la question des populations. Nous aurons sans
« doute à nous défendre contre les déprédations de quelques
« hordes pillardes de nomades qui ne seront ni plus nombreuses
« ni plus redoutables que ne le sont les Peaux-Rouges en Amé-
« rique. Mais le plus grand nombre des populations du Sahara,
« les habitants sédentaires des oasis admettront aussi facilement
« notre domination que l'ont fait leurs coreligionnaires du
« Mzab et de l'oued-Rhir, avec d'autant moins de répugnance,
« cette fois, que, au lieu de leur imposer une suprématie poli-
« tique hostile à leurs sentiments religieux, nous leur apporterons
« réellement le bien-être. »

M. Duponchel a trouvé dans l'exploitation du sel une ressource
bien suffisante pour assurer toute garantie aux actionnaires du
chemin de l'Afrique centrale, au moins pour le tronçon de Insalah
ou Goléa à Tombouctou. Quant à la tête de ligne, entre Goléa et
le littoral méditerranéen, son exploitation trouvera une ressource
précieuse dans le commerce de l'*Alfa*. « Quand (1) on est monté
dans la région des plateaux, en Algérie, sur une étendue de
400 kilomètres, sur 170 on ne voit plus que deux choses, le ciel
et l'alfa. La surface que cette plante occupe mesure plus de
quatre millions d'hectares. Aussi la *Compagnie algérienne*, frappée
de ces avantages, a-t-elle obtenu la concession de trois cent mille
hectares pour l'exploitation desquels elle construit un chemin de
fer spécial partant d'Arzew, se dirigeant par Mascara et Saïda et
s'avançant, à partir de ce point, de 70 kilomètres dans la direction
de Géryville. Pour se faire une juste idée de la masse des trans-
ports que procurera cette exploitation, notons que la récolte de
l'alfa nous donne 1800 kilogrammes par hectare. Pour tenir
compte de tous les accidents, réduisons ce chiffre à 1000 kilogrammes. Supposons, en outre, que la récolte annuelle porte
seulement sur 100,000 hectares (le tiers de la surface concédée),
afin de laisser à la plante le temps de se reposer. Voilà donc an-

---

(1) L'*Explorateur*.

nuellement un transport de 100,000 tonnes, source importante de bénéfices, et cela sans compter ceux que procurera l'exportation de l'alfa. De l'oasis des Mozabites où aboutira le chemin de fer de la Compagnie algérienne à Goléa, c'est un parcours d'environ 200 kilomètres pour atteindre la limite sud de nos possessions. Goléa est à peu de jours de marche du Touat; est-il téméraire d'espérer qu'un centre commercial qui y serait établi serait fréquenté par les négociants riches et entendus qui peuplent le Touat? Après Insalah c'est l'inconnu, mais, pour nous, cet inconnu n'aura bientôt plus de mystères. Les missionnaires d'Afrique, institués par monseigneur Lavigerie, forts du respect qu'inspirent aux Arabes leur caractère sacerdotal et leur vie de dévouement, viennent d'établir une station de trois de leurs membres à deux journées de marche de Tombouctou. »

A ces considérations ajoutons les réflexions de la *Correspondance algérienne* du 5 février 1876 :

« Dans l'état actuel de la question il semble que l'initiative du
« gouvernement doit s'attacher à établir, si l'expédition Largeau
« réussit, des agents français connaissant les Arabes, leur langue,
« leurs mœurs, dans les points les plus avancés du Sahara, tels
« que El Goléa, Ghadamès ou de Rhat à Tripoli par le Fezzan.
« Ces agents auraient pour mission de se mettre en relations ré-
« gulières avec les caravanes qui envoient à travers le désert les
« produits du Soudan et ceux de l'Angleterre. »

Ainsi, d'après la *Correspondance algérienne*, l'exécution des projets de chemin de fer est subordonnée au succès de l'expédition de M. Largeau. Quelques mots maintenant sur cette expédition.

M. le docteur Largeau se propose de détourner vers l'Algérie le commerce du Soudan et du Sahara, qui, jusqu'à présent, s'est porté vers Tripoli et le Maroc. Le plan de M. Largeau consistait à se rendre à Ghadamès et à Insalah pour entrer en relations avec les négociants de ces deux villes et les déterminer à diriger leurs caravanes sur l'Algérie. La première partie de ce programme est remplie. M. Largeau paraît avoir réussi à Ghadamès.

« Par Ghadannès et Rhat (1) nous allons être en communica-
« tion directe avec les contrées populeuses et fertiles qui sont
« comprises dans le réseau hydrographique du lac Tchad ; par
« In-Salah nous ouvririons laroute de Tombouctou et nous attein-
« drions directement le mouvement commercial dont le Niger
« et ses affluents sont les grands véhicules. Si la seconde tenta-
« tive est accomplie avec succès, les barrières qui s'opposaient à
« toute extension des relations de l'Algérie seront définitivement
« rompues. » L'entreprise de M. Largeau, dont la portée est im-
médiate, doit servir de base, de préface, aux projets grandioses
de M. Soleillet et de M. Duponchel. D'ailleurs, quelque soit le
sort réservé à ces conceptions, l'œuvre de M. Largeau subsistera et
n'en produira pas moins des fruits heureux.

CHAPITRE IV

Nous possédons en Afrique tous les éléments d'influence et de
grandeur ; mais, si nous ne savions pas les apprécier et les mettre
en action, le jour n'est peut-être pas éloigné où nous serions
cruellement punis de notre indifférence. Aujourd'hui, en Afrique,
comme dans les Indes au siècle dernier, c'est l'Angleterre que
nous trouvons sur notre chemin. On peut en juger par l'extrait
suivant de l'*Explorateur* :

« On annonce que des négociations sont pendantes entre le
« sultan de Constantinople et le khédive, sous les bons auspices
« de l'Angleterre, par suite desquelles les possessions égyptiennes
« seraient considérablement étendues. Le pachalik de Tripoli
« et les autres pays situés au nord du Sahara, placés sous la
« suzeraineté de la Porte, passeraient, sauf Tunis, aux mains de
« l'administration égyptienne moyennant un tribut annuel. »
Si l'on rapproche ces nouvelles étonnantes de la part que l'Angleterre semble prendre, depuis quelque temps, dans la direction
de l'Egypte où elle s'occupe de créer une ligne ferrée pénétrant
dans le Soudan ; si on les compare avec l'achat des actions de
l'isthme de Suez, on ne peut douter que l'Egypte, entièrement

---

(1) Journal l'*Explorateur*.

dominée par l'influence anglaise, ne soit destinée à jouer en Afrique le rôle que l'Inde joue en Asie.

Nous avons voulu faire connaître, par la situation de cet exposé, les efforts généreux tentés par de nobles cœurs pour donner à notre colonie d'Afrique, l'important développement dont elle est susceptible. En approuvant cette publication la *Société littéraire, historique et archéologique de l'Ain*, a tenu à honneur d'encourager cette grande œuvre toute française. Elle s'est souvenue et elle se souviendra encore, au moment où les Anglais sont si près de nous, en Afrique, que nous avons un devoir d'honneur à remplir envers le nom de la France.

E. H. SEMIDEI.

Bourg, imp. Comte-Milliet.